Joyce L. Brisley

Les bonheurs d'une toute petite fille

Texte français de Suzanne Pairault

Illustrations de Pierre Dessons

HACHETTE
Jeunesse

Hachette, 79, boulevard Saint-Germain, Paris VIe

Chapitre 1

Mili-Mali-Malou a un franc à dépenser

Un beau jour, Mili-Mali-Malou découvrit un franc dans la poche d'un vieux manteau.

Mili-Mali-Malou se sentit très riche. Elle pensa à tout ce qu'elle pouvait acheter, il y avait tant de choses qu'elle ne savait laquelle choisir. (C'est toujours l'ennui quand on a un franc.)

Aussi Mili-Mali-Malou demanda-t-elle à tous ceux qui vivaient avec elle dans la jolie maison blanche au toit de chaume, ce qu'ils feraient du franc s'ils étaient à sa place.

« Porte-le à la banque », dit Bon-Papa. Il était en train de faire des comptes.

Mili-Mali-Malou trouva que c'était une idée très raisonnable.

« Achète un écheveau de laine arc-en-ciel et apprends à tricoter », dit Bonne-Maman, qui tricotait devant la porte de la cuisine. Mili-Mali-Malou trouva que c'était une bonne idée.

« Achète des graines et fais pousser du cresson », dit Papa, qui était en train de bêcher. Mili-Mali-Malou trouva que c'était une très bonne idée.

« Achète un petit moule et fais un gâteau », dit Maman qui faisait la cuisine. Mili-Mali-Malou trouva que c'était une fort bonne idée.

« Mets le franc de côté, et quand tu en auras trois je te vendrai un petit canard », dit Tonton, qui préparait du grain pour ses poules. Mili-Mali-Malou trouva que c'était une excellente idée.

« Achète des bonbons », dit Tantine, qui était très occupée à coudre et ne voulait pas qu'on la dérange. Mili-Mali-Malou trouva que c'était une idée très agréable.

Puis elle alla dans son petit coin de jardin et se mit à réfléchir, car elle n'arrivait pas à se décider entre toutes ces bonnes idées. Elle mit sa tête dans ses mains et réfléchit très longtemps.

Ensuite... à votre avis, qu'acheta-t-elle ?

Des graines de cresson, qu'elle planta dans une boîte plate remplie de terre et qu'elle installa dans un endroit bien abrité près de la cabane à outils.

Elle l'arrosa tous les jours, la mit à l'ombre quand le soleil était trop chaud, et finalement les graines donnèrent un ravissant massif de cresson d'un vert tendre, qui vous faisait venir l'eau à la bouche rien que de le regarder.

Lorsque le cresson fut à point, Mili-Mali-Malou alla trouver Mme Mauger, qui habitait un peu plus loin sur la route et qui avait quelquefois du monde pendant l'été.

« Madame Mauger, dit Mili-Mali-Malou, si vous voulez faire une bonne salade de cresson pour vos invités, j'en ai justement à vendre. Il est très beau et très bon marché.

— Oh ! Mili-Mali-Malou, dit Mme Mauger, comme cela tombe

bien, j'en avais justement envie. Peux-tu me le cueillir tout de suite ? »

Mili-Mali-Malou courut à la maison et emprunta à Maman une paire de ciseaux et un petit panier ; elle coupa le joli cresson vert (en gardant seulement un tout petit brin pour son dîner) et le porta à Mme Mauger.

Mme Mauger le lui paya deux francs.

Ainsi Mili-Mali-Malou avait dépensé sa pièce pour faire une des choses agréables qu'on lui conseillait, et maintenant elle avait deux pièces !

Mili-Mali-Malou prit une des pièces et acheta dans la boutique du village un écheveau de magnifique laine arc-en-ciel.

« Bonne-Maman, dit-elle en rentrant à la maison, veux-tu

m'apprendre à tricoter une poignée de bouillotte ? »

Bonne-Maman trouva des aiguilles et apprit à tricoter à Mili-Mali-Malou. Au début, il fallut défaire plusieurs fois, mais finalement Mili-Mali-Malou tricota une très jolie poignée. Il y eut juste assez de laine pour la finir.

Elle fit une boucle dans le coin pour la suspendre et alla trouver Maman, qui venait de mettre les pommes de terre sur le feu.

« Maman, demanda Mili-Mali-Malou, est-ce que tu donnerais un franc de cette poignée ?

— Oh ! Mili-Mali-Malou, dit

Maman, comme cela tombe bien, ma vieille poignée est tout usée. Mais un franc, c'est seulement le prix de la laine, et tu me donnes tout ton travail pour rien ! »

Maman donna à Mili-Mali-Malou un franc et un gros baiser, et Mili-Mali-Malou se trouva très bien payée.

Elle avait fait une autre des choses agréables, elle avait appris à tricoter, et elle avait toujours son franc !

Elle retourna dans la boutique du village avec le franc et acheta un joli petit moule en fer-blanc. Le lendemain, Maman la laissa faire un gâteau dans le petit moule et mettre elle-même le moule au four. Quand le gâteau sortit, il était magnifique, doré à point,

et avait l'air presque trop bon pour être mangé.

Mili-Mali-Malou le mit à refroidir sur l'appui de la fenêtre.

Un peu plus tard, une dame à bicyclette passa sur la route ; comme la journée était très chaude, elle s'arrêta devant la jolie maison blanche et demanda à Maman de lui vendre un bol de lait.

Pendant qu'elle buvait, elle aperçut le petit gâteau sur l'appui de la fenêtre ; ce petit gâteau avait l'air si bon que la dame eut faim et demanda à l'acheter aussi.

Maman regarda Mili-Mali-Malou ; Mili-Mali-Malou avala sa salive et répondit : « Oui. » La dame mangea donc le petit gâteau. Et elle le trouva joliment bon !

Après son départ, Maman prit l'argent que la dame avait laissé sur la table pour payer le gâteau et le lait, et elle donna un franc à Mili-Mali-Malou puisque c'était elle qui avait fait le gâteau.

Mili-Mali-Malou avait fait encore une des choses agréables, et elle avait toujours son franc !

Alors Mili-Mali-Malou retourna dans la boutique du village avec le franc et acheta des bonbons, de grosses boules à l'anis qui changeaient de couleur à mesure qu'on les suçait.

Elle ne voulut pas y toucher avant d'être à la maison ; alors elle commença par en donner une à Bon-Papa et une à Bonne-Maman et une à Papa et une à Maman et une à Tonton et une à Tantine. Une fois tout le monde servi, il lui restait six boules ; elle les mangea, et les trouva excellentes.

Elle avait fait encore une des choses agréables, et dépensé sa pièce d'un franc.

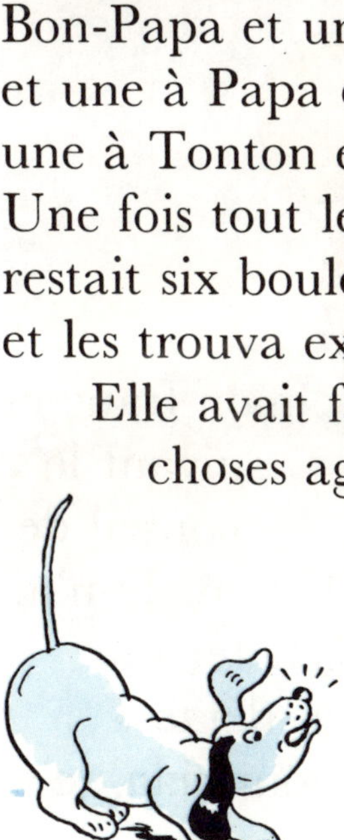

Mais il lui restait encore un franc, puisque Mme Mauger lui en avait donné deux pour le cresson.

Alors elle alla trouver Bon-Papa et lui demanda de bien vouloir mettre ce franc à la banque pour elle.

Puis elle alla trouver Tonton.

« Tonton, lui dit-elle, j'ai employé

mon franc en suivant le conseil de tout le monde, sauf le tien. Je n'ai pas encore de quoi acheter un petit canard, mais j'ai déjà économisé un franc pour cela, je l'ai mis à la banque. »

Bientôt Mili-Mali-Malou eut trois francs d'économies ; elle les apporta à Tonton, qui lui donna un petit canard nouveau-né, tout jaune, pour elle toute seule.

Chapitre 2

Mili-Mali-Malou fait la connaissance de sa grand-tante

Un beau soir, Mili-Mali-Malou et Papa et Maman et Bon-Papa et Bonne-Maman et Tonton et Tantine étaient en train de goûter. Il y avait du pain, du beurre et du fromage pour les grands, du pain, du beurre et du chocolat pour Mili-Mali-Malou, et du lait à boire pour tout le monde. Tout à coup on entendit frapper un grand coup à la porte : « Pan ! pan ! »

« Va vite voir, Mili-Mali-Malou, dit Maman. On dirait que c'est le facteur. »

Mili-Mali-Malou sauta rapidement à bas de sa chaise et courut chercher la lettre, qui était pour Maman. Puis elle regrimpa sur sa chaise,

et tout le monde regarda avec intérêt Maman ouvrir l'enveloppe.

La lettre venait d'une personne

qui appelait la maman de Mili-Mali-Malou : « Ma chère Rita. » Elle demandait si elle pouvait venir passer quelques jours dans la famille et terminait : « Je t'embrasse bien fort. Tante Marguerite. »

Papa et Maman et Bon-Papa et Bonne-Maman et Tonton et Tantine étaient enchantés, et Mili-Mali-Malou était très contente aussi ; elle ne savait pas qui allait venir, mais Bonne-Maman le lui expliqua. « C'est ma sœur Marguerite, ta grand-tante », lui dit-elle. Ce qui intéressa beaucoup Mili-Mali-Malou.

« Alors, c'est ma grand-tante, et c'est aussi ta sœur ? demanda-t-elle à Bonne-Maman.

— Oui, et c'est aussi ma belle-sœur, dit Bon-Papa.

— Et ma tante, dit Maman.

— Et ma tante par alliance, dit Papa.

— Et ma tante à moi aussi, dit Tonton.

— Ça, par exemple ! dit Mili-Mali-Malou. Elle est tout ça, et ma grand-tante par-dessus le marché ! Je voudrais vraiment bien la voir ! »

Le lendemain, Mili-Mali-Malou aida Maman à faire le lit de la chambre d'amis.

« Quel dommage que cette chambre ne soit pas un peu plus grande ! » dit Maman. Mili-Mali-Malou regarda gravement autour d'elle et trouva qu'en effet la chambre était bien petite pour une grand-tante ! Mais elle alla cueillir des soucis dans son petit jardin et les mit dans un vase sur la commode. Même s'il n'y avait pas beaucoup de place pour une grand-tante, il y en avait assez pour des fleurs.

Ensuite, Mili-Mali-Malou aida Papa à faire passer le grand fauteuil du salon dans la pièce où se tenait toujours la famille.

Heureusement, c'était un très grand fauteuil ; il avait l'air assez grand, même pour une grand-tante.

Puis Maman fit une grande tarte, de petites madeleines, des biscuits et toutes sortes d'autres bonnes choses. Mili-Mali-Malou (qui l'aidait en grattant les terrines et les cuillers) se disait qu'une grand-tante devait manger énormément.

Aussitôt que la dernière terrine fut grattée, Mili-Mali-Malou courut sur la route annoncer la nouvelle à la petite-amie-Suzanne.

La petite-amie-Suzanne était en train de marcher sur le haut du mur, mais elle sauta par terre dès qu'elle aperçut Mili-Mali-Malou.

« Oh ! Suzanne, dit Mili-Mali-Malou, tu connais ma Tantine ?

— Oui, dit la petite-amie-Suzanne.

— Eh bien, dit Mili-Mali-Malou, Tantine n'est qu'une tante ordinaire, mais j'ai une grand-tante qui va venir nous voir ! »

La petite-amie-Suzanne, étant la meilleure amie de Mili-Mali-Malou, fut aussi enchantée qu'elle. Toutes deux décidèrent que le lendemain matin Suzanne viendrait jouer dans le jardin de Mili-Mali-Malou pour voir de près la grand-tante Marguerite.

Puis Mili-Mali-Malou rentra à la maison en courant, car il était l'heure de déjeuner.

Après le déjeuner, Maman, et Bonne-Maman, et Tantine, et Mili-Mali-Malou se dépêchèrent de faire la vaisselle et de tout mettre en ordre, pendant que Papa attelait le cheval à la carriole. Puis elles changèrent de robe pendant que Papa allait à la gare.

Mili-Mali-Malou, toute fière dans sa belle robe, courait continuellement à la porte du jardin pour voir si elle apercevait la carriole.

Tout à coup, elle l'aperçut enfin. Elle était tellement ravie qu'elle se précipita dans la maison et se mit à sauter de joie, puis elle ressortit et courut ouvrir la grille.

Le cheval trotta jusqu'à la grille et s'arrêta. Papa descendit le premier. Puis il descendit le grand panier de la grand-tante Marguerite. Et enfin il fit descendre la grand-tante Marguerite en personne !

Et comment était-elle, à votre avis ?

C'était une toute, toute petite vieille dame à cheveux blancs, avec un chapeau noir et une robe semée de fleurettes jaunes. Et elle avait

une toute petite figure très gentille, avec des joues toutes roses.

Mili-Mali-Malou était tellement étonnée qu'elle avait du mal à se montrer bien élevée et à ne pas ouvrir de grands yeux en regardant la visiteuse.

On installa la grand-tante Marguerite dans le grand fauteuil. Mais elle était bien loin de le

remplir comme Mili-Mali-Malou s'y attendait ; au contraire, il y avait même assez de place pour asseoir Mili-Mali-Malou à côté d'elle ! Et au lieu de manger toute la tarte et les madeleines et les biscuits et toutes les autres bonnes choses, elle en laissa pour tout le reste de la famille, y compris Mili-Mali-Malou !

Et la chambre d'amis n'était pas trop petite, au contraire : elle avait presque l'air trop grande pour une si petite dame.

Quand la grand-tante Marguerite vit les fleurs sur sa commode, elle dit gentiment :

« Je suis sûre que c'est toi qui as fait ce bouquet, Émilienne-Madeleine-Marie-Louise ! Merci beaucoup, ma chérie.

— Oh ! grand-tante Marguerite ! » dit Mili-Mali-Malou en se haussant sur la pointe des pieds pour l'embrasser encore une fois, « je t'aime beaucoup, tu sais ! Est-ce que ça t'ennuierait que je te montre à Suzanne ce soir, au lieu de la faire attendre jusqu'à demain ? »

Chapitre 3

Mili-Mali-Malou va cueillir des mûres

Un beau jour, Mili-Mali-Malou, en rentrant de l'école, trouva quelques mûres tout à fait mûres. Il y en avait six magnifiques et une toute petite un peu dure. Mili-Mali-Malou mit la toute petite dans sa bouche et rapporta les autres à la maison sur une feuille.

Elle en donna une à Papa, et Papa dit : « Ah ! cela me fait penser que nous sommes à la saison des tartes aux mûres ! »

Puis Mili-Mali-Malou en donna une à Maman, et lui demanda à quoi cela la faisait penser. Et Maman dit : « A la belle rangée de pots de confitures de mûres que je voudrais avoir dans mon grand placard ! »

Puis Mili-Mali-Malou en donna une à Bon-Papa, et Bon-Papa dit que cela le faisait penser à la liqueur de mûres.

Et Bonne-Maman dit : « A la gelée de mûres ! »

Et Tonton dit : « A une belle compote de mûres ! »

Et Tantine dit : « A une grande assiette de mûres avec de la crème et du sucre ! »

« Mon Dieu ! pensa Mili-Mali-

Malou en jetant la feuille vide, il faut que jeudi prochain je prenne un très, très grand panier et que j'aille cueillir des mûres. Comme cela nous aurons une quantité de tartes aux mûres, et de confitures de mûres, et de liqueur de mûres, et de gelée, et de compote, et de mûres à la crème, pour Papa et Maman, et Bon-Papa et Bonne-Maman, et Tonton et Tantine — et moi ! Je vais demander à Suzanne de venir m'aider. »

Le jeudi suivant, Mili-Mali-Malou et la petite-amie-Suzanne partirent donc avec de grands paniers (pour mettre les mûres), des cannes recourbées (pour attirer les branches à leur portée), de gros souliers (pour se protéger des piquants) et de vieilles robes (pour le cas où les ronces les accrocheraient). Elles marchèrent longtemps, longtemps, et arrivèrent enfin à un endroit où elles savaient qu'il y avait toujours beaucoup de mûres (à la saison, naturellement).

Mais en arrivant, allons, bon ! elles virent qu'on avait mis un

écriteau juste à l'endroit où il y avait un trou dans la haie. Et l'écriteau disait, clair comme le jour : DÉFENSE DE PASSER

Mili-Mali-Malou et la petite-amie-Suzanne savaient que cela voulait dire : « N'entrez pas ici, le propriétaire ne le veut pas, et le terrain est à lui. »

Mili-Mali-Malou et la petite-amie-Suzanne se regardèrent très

sérieusement. Au bout d'un moment Mili-Mali-Malou dit : « Bien sûr, si nous entrions, personne ne le saurait. »

Et la petite-amie-Suzanne dit : « Bien sûr, ils ne verraient pas qu'il leur manque des mûres. »

Et Mili-Mali-Malou dit : « Mais ce serait mal. »

Et la petite-amie-Suzanne fit « oui » avec la tête, sans parler.

Elles reprirent donc leurs paniers et leurs cannes et revinrent sur leurs pas, en essayant de ne pas avoir de chagrin d'avoir tant marché pour rien.

Elles ne savaient plus que faire, car il n'y avait de mûres qu'à cet endroit-là. Alors elles s'amusèrent à marcher dans le fossé, le long de la haie, en poussant les feuilles avec les gros souliers qu'elles avaient mis pour se protéger des piquants.

Et tout à coup, savez-vous ce qu'elles virent ? Une petite boule de fourrure brune, à quelques pas devant elles, dans l'herbe du fossé.

« Est-ce un lapin ? » chuchota la petite-amie-Suzanne.

Elles s'approchèrent tout doucement. « C'est un lapin ! chuchota Mili-Mali-Malou.

— Pourquoi ne se sauve-t-il pas ? » dit la petite-amie-Suzanne. Elle se baissa et le caressa ; la petite boule de fourrure se débattit. Mili-Mali-Malou le caressa, et la petite boule se débattit plus fort.

Alors Mili-Mali-Malou s'écria : « On dirait qu'il a la tête prise dans un trou ! »

Elles regardèrent, et c'était justement ce qui était arrivé. Pendant que Jeannot-Lapin creusait son trou, la terre s'était éboulée, et il ne pouvait plus ressortir sa tête.

Alors Mili-Mali-Malou et la petite-amie-Suzanne creusèrent tout doucement avec leurs doigts pour écarter la terre. Aussitôt que Jeannot-Lapin put sortir sa tête, il secoua ses oreilles et regarda les deux petites filles avec surprise.

Mili-Mali-Malou et la petite-amie-Suzanne restèrent assises bien tranquilles, se contentant de sourire et de faire de petits signes pour montrer au lapin qu'il n'avait pas besoin d'avoir peur, parce qu'elles étaient ses amies.

Et tout à coup Jeannot-Lapin tourna la tête et se mit à courir de toutes ses forces le long du fossé, puis il escalada le talus, entra dans le bois et disparut.

« Oh ! dit Mili-Mali-Malou, nous qui avons toujours eu envie

d'un lapin ! maintenant nous en avons un, Suzanne !

— Seulement nous aimons mieux laisser le nôtre jouer dans les champs avec ses frères et ses sœurs, plutôt que de l'enfermer dans un vilain clapier, dit la petite-amie-Suzanne.

— Si nous étions entrées là où c'était défendu, nous ne serions pas passées par ici et nous ne l'aurions jamais trouvé, dit Mili-Mali-

Malou. Plutôt qu'un gros tas de mûres, j'aime mieux avoir un petit lapin. »

Quand elles revinrent à la jolie maison blanche au toit de chaume, où Mili-Mali-Malou habitait, Papa et Maman, et Bon-Papa et Bonne-Maman, et Tonton et Tantine dirent tous qu'ils aimaient mieux avoir un petit lapin dans le bois, plutôt que toutes les plus belles mûres du monde.

Mais, le jeudi suivant, Mili-Mali-Malou et la petite-amie-Suzanne découvrirent un endroit magnifique, plein de mûres, et sans aucun écriteau. Et
Mili-Mali-Malou en cueillit un si grand panier qu'il y en eut assez pour faire des tartes aux mûres, et de la confiture, et de la liqueur, et de la gelée, et de la compote, et des mûres à la crème pour Papa et

Maman et Bon-Papa et Bonne-Maman, et Tonton et Tantine — et aussi pour Mili-Mali-Malou !

Et pendant tout ce temps-là il y avait un petit lapin qui gambadait dans les bois et pensait que la vie est belle.

(Et c'est une histoire vraie, ne l'oubliez pas !)

Chapitre 4

Mili-Mali-Malou fait du jardinage

Un jeudi matin, Mili-Mali-Malou descendit au village. Elle avait toute une liste de commissions pour M. Blin de la part de Tonton : M. Blin pourrait-il envoyer tout cela le lendemain sans faute ?

M. Blin dit : « Bien sûr, bien sûr ! Dis à ton oncle que je lui ferai tout porter demain matin de bonne heure. »

Mili-Mali-Malou, qui aimait l'odeur du magasin de grains, regarda dans toutes les caisses et enfonça la main dans le maïs, le son et l'avoine pour le plaisir de les laisser couler entre ses doigts. Puis elle dit au revoir et sortit.

En passant devant le petit jardin des Blin, juste à côté du magasin, elle vit le dos de Boby Blin derrière la clôture. Le dos de Boby était courbé vers la terre et paraissait très absorbé.

Boby Blin était un peu plus grand que Mili-Mali-Malou et elle ne le connaissait pas très bien, mais ils se disaient toujours bonjour quand ils se rencontraient.

Mili-Mali-Malou regarda donc à travers la clôture et dit : « Bonjour, Boby ! »

Boby Blin se retourna un instant et répondit « Bonjour ! » puis il se remit au travail.

Mais il n'avait pas dit : « Bonjour, Mili-Mali-Malou ! » et il n'avait pas souri. Alors Mili-Mali-Malou enfonça le bout de ses pieds dans la claire-voie et s'accrocha à la clôture pour regarder par-dessus.

« Qu'est-ce que tu as ? » demanda-t-elle.

Boby Blin se retourna une seconde fois. « Je n'ai rien du tout, dit-il, l'air sombre. Seulement il faut que je désherbe ces sales plates-bandes jusqu'à la maison.

— Moi, j'aime bien désherber, dit Mili-Mali-Malou.

— Viens essayer ici, on verra si tu aimes ça, dit Boby Blin. La terre est dure comme du bois et les mauvaises herbes ont un kilomètre de racines. »

Mili-Mali-Malou ne savait pas très bien si elle devait regarder cela comme une invitation. Finalement, elle décida que oui, poussa la petite barrière blanche et entra dans le jardin des Blin.

C'était un très joli jardin, qui sentait bon la giroflée.

« Tiens, dit Boby, voilà une binette. » Mili-Mali-Malou la prit et se mit au travail de l'autre côté de la plate-bande, le long de la petite allée de gravier qui conduisait à la maison. Et tous les deux désherbèrent ensemble avec ardeur.

Bientôt Mili-Mali-Malou dit : « La terre sent joliment bon quand on la retourne, n'est-ce pas ? »

Et Boby Blin dit :

« Tu trouves ? Oui, c'est vrai, elle sent assez bon. » Et ils continuèrent à désherber.

Puis Mili-Mali-Malou, arrachant des touffes d'herbe au milieu des pensées, demanda : « Pourquoi le fais-tu, si ça t'ennuie ? »

Et Boby Blin, qui tirait de toutes ses forces sur la racine d'un pissenlit, poussa un grognement. « Papa dit qu'il faut que je me rende utile, répondit-il.

— C'est notre façon à nous de donner des fruits, dit Mili-Mali-

Malou. Ma Maman dit que quand on n'est pas utile, on ressemble à un pommier qui n'a pas de pommes.

— Drôle d'idée, dit Boby Blin, que les personnes puissent avoir des fruits ! Je n'avais jamais pensé à ça. » Et ils continuèrent à désherber.

Puis Mili-Mali-Malou demanda : « Pourquoi y a-t-il tous ces petits trous dans la pelouse ?

— Papa a arraché les pissenlits, répondit Boby Blin. Il veut que tout le jardin soit joli. »

Alors Mili-Mali-Malou dit : « Il y a beaucoup d'herbe par ici, là où il ne devrait pas y en avoir. Si nous la plantions dans les trous ?

— C'est ça, dit Boby Blin ; comme ça la pelouse aura l'air aussi bien tenue que les plates-bandes. »

Ils continuèrent donc à désherber, et à retourner la terre, et à enlever des plates-bandes tout ce qui ne devait pas y être. Ils jetèrent toutes les mauvaises herbes sur le tas qu'on devait brûler, mais ils plantèrent la bonne herbe dans les trous de la pelouse. Et au bout d'un moment les plates-bandes eurent l'air magnifiquement propres, et dans la pelouse on ne voyait presque plus de trous.

Bientôt M. Blin sortit du magasin sur le trottoir. Il tenait à la main une boîte de peinture verte et un gros pinceau qu'il passa par-dessus la clôture et posa sur la pelouse au milieu des pâquerettes.

« Tiens, Mili-Mali-Malou ! dit M. Blin. Je croyais que tu étais rentrée chez toi. Vous m'avez fait du bon travail, tous les deux, sur ces plates-bandes. Boby, j'ai l'intention de repeindre le tonneau et la poignée du rouleau ; peut-être pourrais-tu le faire à ma place ? Il faut d'abord gratter la rouille avec du papier de verre. »

Boby Blin et Mili-Mali-Malou eurent l'air tout à fait enthousiasmés.

Boby répondit : « Bien sûr, papa ! »

Et Mili-Mali-Malou regarda avec envie le gros rouleau et la boîte de peinture verte.

Mais elle savait qu'elle devait rentrer déjeuner dans la jolie maison blanche au toit de chaume; sans quoi Papa et Maman, Bon-Papa et Bonne-Maman, Tonton et Tantine se demanderaient ce qui lui était arrivé. Elle rendit donc la binette à Boby Blin et se dirigea lentement vers la barrière.

Mais Boby Blin demanda: « Est-ce que tu ne peux pas revenir après le déjeuner? Je te garderai de la peinture. »

Mili-Mali-Malou sauta de joie et dit: « Je voudrais bien, si Maman n'a pas besoin de moi. »

Après le déjeuner, quand elle eut aidé à laver la vaisselle, Mili-Mali-Malou courut donc de toutes ses forces jusqu'au village. Et dans le jardin des Blin elle trouva Boby en train de frotter avec du papier de verre les cercles de fer du tonneau.

« Bonsoir, Boby, dit Mili-Mali-Malou.

— Bonsoir, Mili-Mali-Malou ! » dit Boby Blin. Il était très sale et tout en sueur, mais il souriait de toutes ses dents. Il dit à Mili-Mali-Malou : « Je t'ai gardé le rouleau à peindre ; je l'ai passé au papier de verre, il est tout prêt. »

Mili-Mali-Malou pensa que c'était très gentil de la part de Boby Blin, car le grattage au papier de verre était la partie désagréable du travail.

Boby Blin ôta le couvercle de la boîte et remua la belle peinture verte avec un bâton. Puis, sans que Mili-Mali-Malou lui dise rien, il pensa à aller chercher un morceau de journal pour protéger sa robe. Ensuite il retourna gratter son tonneau, pendant que Mili-Mali-Malou trempait soigneusement le pinceau dans la belle boîte pleine de peinture verte et commençait à peindre le rouleau.

La poignée avait des espèces de tortillons très compliqués, et c'était très amusant de faire entrer la peinture dans tous les petits coins. Une fois le travail fini, vous n'auriez pas reconnu le rouleau, tant il avait l'air d'un rouleau neuf.

Boby Blin s'interrompait tout le temps de gratter le tonneau pour venir voir comment cela marchait ; les tortillons du rouleau étaient tellement jolis une fois peints en vert, et lui, il n'avait pas de tortillons sur son tonneau.

A la fin de l'après-midi j'aurais voulu que vous voyiez le jardin ! Les plates-bandes étaient toutes propres et bien en ordre, la pelouse n'avait plus un trou, le tonneau reluisait devant la porte et le rouleau reluisait sur le gazon.

Quand M. Blin sortit et vit tout cela, il fut joliment content !

Il appela Mme Blin, et elle fut très contente aussi. Elle leur donna une banane à chacun, et ils s'assirent pour la manger sur un des sacs de grain du magasin.

Et après, Boby Blin enterra Mili-Mali-Malou jusqu'au cou dans le grain. Et quand il l'aida à en sortir elle avait du grain partout, dans le cou, dans les cheveux, dans ses chaussettes. Mais Mili-Mali-Malou n'était pas fâchée ; au contraire, le jeu l'amusait beaucoup.

Chapitre 5

Mili-Mali-Malou fait un cosy

Un beau jour, Mili-Mali-Malou mit son joli chapeau, ses souliers neufs et ses gants de coton blanc. Elle se sentait très fière dans sa belle toilette. Elle passa devant la maison des Mauger, puis devant le magasin de M. Blin, et arriva enfin à la petite boutique de Mlle Mouton. Car Mili-Mali-Malou allait prendre le thé chez

Mlle Mouton et sa petite nièce Gigi.

La boutique de Mlle Mouton et son arrière-boutique avaient une

odeur spéciale, que Mili-Mali-Malou aimait beaucoup : elles sentaient le calicot, la flanelle de coton, le papier d'emballage, avec quelques bouffées de menthe et de framboise (car Mlle Mouton vendait aussi des bonbons, qu'elle gardait dans des bocaux à la devanture du magasin).

Mais le petit salon où on fit entrer Mili-Mali-Malou sentait surtout la brioche chaude et le gâteau à la crème. Car la table

était déjà mise, et Mlle Mouton et Gigi attendaient leur invitée. Sur la théière, devant Mlle Mouton, il y avait un magnifique couvre-théière, fait avec de petits morceaux de soie et de velours de toutes les couleurs et terminé en haut par de grosses boucles de ganse rouge. Mili-Mali-Malou le trouvait ravissant !

Lorsque Mili-Mali-Malou eut mangé deux tranches de brioche beurrée, elle ne put s'empêcher de dire : « Quel beau couvre-théière !

— C'est un cosy, et c'est ma tante qui l'a fait », dit Gigi.

Mili-Mali-Malou pensait qu'elle aimerait beaucoup avoir un beau cosy comme celui-là pour mettre sur la table à la maison. Après avoir mangé un gâteau à la crème rose, elle demanda :

« Cela devait être joliment difficile, de faire ce beau cosy ? »

Mlle Mouton (qui revenait de vendre à une dame de l'élastique noir et une carte de boutons lingerie) répondit : « Oh ! non, c'est très facile ! Tu devrais demander à ta tante de t'apprendre le point d'épine, Mili-Mali-Malou, comme cela tu pourrais en faire un. »

Mili-Mali-Malou pensa qu'elle serait bien contente de faire un beau cosy pour Maman, mais elle ne savait pas comment se procurer les morceaux de tissu.

Après le thé, elle s'amusa avec Gigi et sa maison de poupée.

Quand ce fut l'heure de partir, Mlle Mouton sortit de la boutique avec un petit morceau de satin rouge, qu'elle donna à Mili-Mali-Malou pour commencer son cosy.

Vous pensez si Mili-Mali-Malou était contente !

Elle remercia beaucoup Mlle Mouton de l'avoir invitée, et courut tout droit jusqu'à la jolie maison blanche au toit de chaume.

Elle cacha le satin rouge dans le berceau de sa poupée, et commença à réfléchir au moyen de se procurer d'autres morceaux de tissu.

Et voilà qu'un matin, Maman sortit de son sac à chiffons des restes de ruban mauve et les donna à Mili-Mali-Malou pour s'amuser. Vous pensez si Mili-Mali-Malou était ravie !

Mais, comme cela l'ennuyait de penser que Maman donnait elle-même quelque chose pour son cadeau, Mili-Mali-Malou chercha ce qu'elle pouvait faire en échange.

Derrière la porte de la cuisine elle aperçut une paire de chaussures de Maman, toutes couvertes de boue et attendant qu'on les nettoie. Sans rien dire, Mili-Mali-Malou alla chercher la boîte à cirage et nettoya les chaussures.

Mili-Mali-Malou avait donc maintenant des morceaux rouges et des morceaux mauves.

Et voilà qu'un après-midi, Papa lui donna un franc pour acheter des bonbons. Et Mili-Mali-Malou lui demanda : « Ça ne te ferait rien, Papa, si j'achetais quelque chose d'autre à la place, pour mon grand secret ? »

Papa dit que cela ne lui faisait rien.

Mili-Mali-Malou alla donc chez Mlle Mouton et acheta un écheveau de soie noire pour faire le point d'épine.

Mili-Mali-Malou avait maintenant des morceaux rouges et des morceaux mauves et un écheveau de soie noire.

Et voilà qu'un jour, Bonne-Maman décida de transformer sa belle robe, qui était en velours noir ; elle en coupa un morceau qu'elle donna à Mili-Mali-Malou pour s'amuser.

Mili-Mali-Malou avait donc maintenant des morceaux rouges et des morceaux mauves et un écheveau de soie noire et des morceaux noirs.

Et voilà qu'un matin, Bon-Papa l'emmena à la ville dans sa carriole. Une fois là-bas, ils regardèrent les devantures des boutiques, et Bon-Papa demanda à Mili-Mali-Malou ce qui lui ferait plaisir. Et Mili-Mali-Malou dit : « Oh ! Bon-Papa, je voudrais de la ganse rouge, c'est pour mon grand secret ! » Et Bon-Papa, sans poser aucune question, lui acheta la ganse rouge.

Mili-Mali-Malou avait donc maintenant des morceaux rouges et des morceaux mauves et un écheveau de soie noire et des morceaux noirs et de la ganse rouge.

Et voilà qu'un après-midi, Tantine était en train de regarnir un chapeau.

Elle ôta le vieux ruban vert

qui était dessus et le donna à Mili-Mali-Malou. Et Mili-Mali-Malou trouva que certains morceaux étaient encore très bons.

Mili-Mali-Malou avait donc maintenant des morceaux rouges, et des morceaux mauves, et un écheveau de soie noire, et des morceaux noirs, et de la ganse rouge, et des morceaux verts.

Et voilà qu'un jour, Tonton rangeait ses cravates dans un tiroir, et il y en avait une bleue à pois jaunes qu'il n'aimait pas, et il la jeta à Mili-Mali-Malou en disant : « Tiens, Mili-Mali-Malou, tu peux en faire une ceinture de poupée, ou ce que tu voudras. »

Mili-Mali-Malou avait donc maintenant des morceaux rouges, et des morceaux mauves, et un écheveau de soie noire, et des morceaux noirs, et de la ganse rouge, et des morceaux verts, et des morceaux bleus à pois jaunes.

Et Mili-Mali-Malou pensa que cette fois c'était suffisant pour commencer son cosy !

Elle alla trouver Tantine et lui demanda de lui apprendre le point d'épine pour son grand secret.

Et Tantine lui montra comment couper les morceaux et les assembler avec un point d'épine.

Alors, pendant des semaines, Mili-Mali-Malou passa tout son temps libre dans la grange ou au grenier, en train de coudre et de coudre ; et elle ne montrait son ouvrage à personne qu'à Tantine.

Un soir, Papa dit : « Qu'est-ce que Mili-Mali-Malou fait donc depuis quelque temps ? »

Et Maman dit : « Je me le demande. »

Et Bon-Papa dit : « Je ne la vois plus jamais. »

Et Bonne-Maman dit : « Moi, je crois qu'elle a un secret. »

Et Tonton dit : « Ça ne m'étonnerait pas. »

Et Tantine ne dit rien du tout, mais arrangea simplement le tapis de table.

Et voilà que, juste au moment où Maman finissait de mettre le couvert, Mili-Mali-Malou entra avec la figure très rouge et les deux mains derrière le dos.

Maman alla sortir du four un plat de beignets de pommes de terre. Et quand elle se retourna, juste à côté de son assiette, se trouvait le plus magnifique cosy !

« Oh ! Mili-Mali-Malou », dit Maman.

Elle se dépêcha d'aller s'asseoir à sa place, pendant que Mili-Mali-

Malou sautait de joie et que Papa, et Bon-Papa et Bonne-Maman et Tonton et Tantine regardaient avec admiration.

« Oh ! Mili-Mali-Malou, dit Maman, je n'ai jamais vu un aussi beau cosy ! »

Et Maman était si heureuse, et Mili-Mali-Malou était si heureuse de la voir heureuse, qu'elles se jetèrent dans les bras l'une de l'autre et s'embrassèrent de tout leur cœur.

Et on mangea les beignets de pommes de terre presque froids ; mais en revanche on but le café bien, bien chaud — car le cosy pouvait servir aussi pour la cafetière, ce qui était encore plus agréable !

Chapitre 6

Mili-Mali-Malou reçoit

Un beau jour, Mili-Mali-Malou eut une idée. Et quand elle eut réfléchi à son idée pendant quelque temps, elle alla regarder dans sa tirelire. Il y avait une pièce de deux francs et deux pièces d'un franc ; elle pensa que ce n'était pas assez pour réaliser son idée. Elle alla donc trouver sa petite-amie-

Suzanne, un peu plus bas sur la route.

« Suzanne, dit Mili-Mali-Malou, j'ai une idée (mais c'est un grand secret). Je voudrais donner une fête dans la grange pour Papa et Maman, et Bon-Papa et Bonne-Maman, et Tonton et Tantine. Et je voudrais acheter des rafraîchissements. Toi et moi, nous ferons le service. Et s'il y a des restes nous les mangerons après. »

La petite-amie-Suzanne trouva que c'était une très bonne idée.

« Est-ce que nous mettrons des petits bonnets ? demanda-t-elle.

— Oui, dit Mili-Mali-Malou, et des tabliers. Seulement je n'ai pas assez d'argent pour les rafraîchissements, alors je pense qu'il n'y aura pas de restes. Il faut y réfléchir. »

Mili-Mali-Malou et la petite-amie-Suzanne s'assirent et réfléchirent de toutes leurs forces.

« Il faut travailler pour gagner de l'argent, dit Mili-Mali-Malou.

— Mais comment ? demanda la petite-amie-Suzanne.

— Nous pourrions vendre quelque chose, dit Mili-Mali-Malou.

— Mais quoi ? » demanda la petite-amie-Suzanne. Elles réfléchirent encore un peu.

Tout à coup Mili-Mali-Malou dit : « Dans mon jardin j'ai des pensées et des soucis. »

Et la petite-amie-Suzanne dit :

« Dans le mien, j'ai des capucines.

— Nous pouvons aussi faire des commissions pour les gens, dit Mili-Mali-Malou.

— Et faire les cuivres », dit la petite-amie-Suzanne.

C'était une idée magnifique ; Mili-Mali-Malou alla donc chercher un crayon et du papier et écrivit très soigneusement :

« Émilienne-Madeleine-Marie-Louise et Suzanne et Cie ont des bouquets de fleurs à vendre et font les cuivres très bon marché (nous ne renversons pas le brillant), et font les courses très bon marché aussi. »

« Qu'est-ce que ça veut dire : "et Cie" ? demanda la petite-amie-Suzanne.

— On met toujours ça dans les affaires, dit Mili-Mali-Malou, mais peut-être pourrions-nous demander à Boby Blin d'être "et Cie" ; il nous aiderait à faire le service. »

Elles suspendirent le papier à la grille du jardin et se cachèrent de l'autre côté de la haie.

Plusieurs personnes passèrent, mais aucune n'avait besoin de rien. Enfin arriva une auto, avec un monsieur et une dame dedans ; quand ils virent la jolie maison blanche au toit de chaume, ils s'arrêtèrent devant la porte pour demander si on ne pourrait pas leur vendre de la crème.

Mili-Mali-Malou dit : « Je vais

demander à Maman », et prit le petit pot qu'ils lui tendaient. Et quand elle revint avec le pot rempli de crème, le monsieur et la dame avaient lu le papier et posaient des questions à la petite-amie-Suzanne. Lorsque la dame eut payé la crème, elle demanda à avoir quelques fleurs ; ils en achetèrent chacun un bouquet.

Puis le monsieur dit que le rond de cuivre devant sa voiture avait

grand besoin d'un coup de chiffon ; la société Émilienne-Madeleine-Marie-Louise et Suzanne et Cie pouvait-elle s'en charger immédiatement ?

Mili-Mali-Malou répondit : « Mais oui, monsieur », et courut à toutes jambes dans la maison pour donner à Maman l'argent de la crème et lui emprunter le brillant à cuivres. Elle nettoya le rond de cuivre devant la voiture avec un chiffon, et la petite-amie-Suzanne l'astiqua avec un autre chiffon ; le monsieur et la dame regardèrent et avaient l'air très satisfait.

Alors le monsieur demanda : « Combien ? » et leur donna deux francs pour les fleurs et un franc pour le cuivre. Mili-Mali-Malou voulait faire encore un peu de nettoyage pour tout cet argent, mais le monsieur lui dit qu'ils étaient pressés. Ils dirent au revoir et s'en allèrent, et la dame se retourna pour faire des signes, et Mili-Mali-Malou et la petite-amie-Suzanne leur firent aussi des signes jusqu'à ce que la voiture eût disparu. Mili-Mali-Malou et la petite-amie-Suzanne étaient enchantées.

Elles avaient maintenant sept francs pour acheter leurs rafraîchissements. Papa et Maman, et Bon-Papa et Bonne-Maman, et Tonton et Tantine, et Mme Mauger, la maman de la petite-amie-Suzanne, faisaient justement sept.

Et voilà que M. Jacquot, le facteur, qui rentrait de relever les lettres dans les boîtes aux lettres, jeta un coup d'œil par-dessus la haie. Il avait vu le papier attaché à la grille.

« Qu'est-ce que c'est que ça ? Vous essayez de devenir millionnaires ? demanda le facteur.

— Oui, dit Mili-Mali-Malou, nous avons déjà gagné trois francs.

— Tant que ça ! Et qu'est-ce que vous allez en faire ? dit le facteur.

— Nous avons un secret ! dit Mili-Mali-Malou en faisant une petite gambade.

— Ah ! dit le facteur. Un beau secret, je parie ? »

Mili-Mali-Malou regarda la petite-amie-Suzanne, puis regarda le facteur. C'était un facteur très gentil. « Vous ne le répéterez pas si je vous le dis ? demanda-t-elle.

— Pas de danger ! » répondit-il.

Alors Mili-Mali-Malou lui dit qu'elles avaient l'intention d'inviter Papa et Maman, et Bon-Papa et Bonne-Maman, et Tonton et Tantine, et Mme Mauger.

« Ils en ont, de la chance ! dit le facteur. Personne ne m'invite jamais, moi ! »

Mili-Mali-Malou regarda de nouveau la petite-amie-Suzanne, puis elle regarda le facteur. C'était un facteur extrêmement gentil. Alors elle demanda : « Si vous étiez invité, est-ce que vous viendriez ?

— Bien sûr ! » dit le facteur. Puis il remit son sac sur son dos et reprit sa route.

« Papa et Maman, et Bon-Papa et Bonne-Maman, et Tonton et Tantine, et Mme Mauger, et le facteur... Il faut gagner encore de l'argent, dit Mili-Mali-Malou. Descendons au village et demandons à Boby Blin d'être "et Cie" ; peut-être qu'il aura une idée. »

Boby Blin était sur la route, devant le magasin de grains, en train de réparer les poignées de son tombereau. Il avait construit ce tombereau presque tout seul, et c'était un très joli tombereau, peint en vert comme le tonneau et le rouleau à gazon. Boby Blin trouva que c'était un peu drôle de s'appeler « et Cie », mais il accepta tout de même et proposa de fabriquer une boîte avec une fente pour y garder l'argent.

Pour commencer, il y mit dix pièces de deux sous de sa collection (Boby Blin collectionnait les pièces de deux sous, il en avait vingt-neuf dans un sac de millet vide).

Ils avaient donc maintenant huit francs pour acheter leurs rafraîchissements.

Le mardi matin, en rentrant déjeuner, Mili-Mali-Malou et la petite-amie-Suzanne virent Mme Jacquot, la femme du facteur, en train de prendre l'air sur le pas de sa porte avant de se mettre à table.

Et Mme Jacquot leur dit : « Bonjour, mes enfants ! Comment vont les affaires de la société Émilienne-Madeleine-Marie-Louise et Suzanne et Cie ? »

Mili-Mali-Malou répondit : « Très bien, merci, madame Jacquot !

— Mon mari m'a dit que vous faisiez les cuivres, dit Mme Jacquot. J'en ai justement tout un tas qui ont bien besoin d'être nettoyés. »

Mili-Mali-Malou et la petite-amie-Suzanne furent enchantées ; elles promirent de venir l'après-midi, en sortant de l'école, pour faire le nettoyage.

Elles nettoyèrent un pot et trois bougeoirs, et deux lampes (une grande et une petite), et un

plateau, et une bassinoire — tout cela sans renverser ni gaspiller le brillant. Mme Jacquot eut l'air très satisfaite ; elle leur donna à chacune un franc et un gros morceau de gâteau.

Elles avaient donc maintenant dix francs pour leurs rafraîchissements.

Mais, quand elles furent dehors, Mili-Mali-Malou dit : « Papa et Maman, et Bon-Papa et Bonne-Maman, et Tonton et Tantine, et Mme Mauger, et le facteur et Mme Facteur... je me demande si nous avons gagné assez d'argent, Suzanne ! »

En rentrant à la maison, elles passèrent devant la forge ; naturellement elles s'arrêtèrent un moment devant la porte, comme toujours, pour regarder le grand feu qui rugissait, et M. Rugis, le forgeron, qui donnait de grands coups avec son marteau sur l'enclume.

La petite-amie-Suzanne avait un peu peur du forgeron : il était si grand et si gros, et sa figure était si sale que lorsqu'il souriait ses dents étaient toutes blanches et ses yeux tout pleins d'étincelles. Mais Mili-Mali-Malou savait qu'il était très propre sous cette saleté ; il ne pouvait pas éviter d'être noir quand il travaillait. Elle lui sourit donc à son tour.

Et le forgeron dit : « Bonjour, mes enfants ! »

Et Mili-Mali-Malou répondit : « Bonjour, monsieur Rugis ! »

Alors le forgeron leur fit signe avec son doigt et dit : « Venez par ici ! »

Mili-Mali-Malou eut un petit sursaut, et la petite-amie-Suzanne la tira très fort par la main, mais Mili-Mali-Malou savait que le forgeron était très gentil au fond, sous tout son noir, et elle s'approcha de lui.

Et le forgeron dit : « Regardez ce que j'ai là ! » Et il leur montra un tout petit fer à cheval, absolument comme un vrai, mais plus petit, qu'il avait forgé exprès pour elles. Mili-Mali-Malou et la petite-amie-Suzanne étaient ravies !

Mili-Mali-Malou le remercia de tout son cœur.

Puis elle le regarda

et lui demanda : « Si vous étiez invité à une fête, est-ce que vous viendriez ? »

Et le forgeron regarda Mili-Mali-Malou avec des yeux pleins d'étincelles, et il dit qu'il viendrait certainement — à condition que ce ne soit pas un samedi avant cinq heures, parce que ce jour-là il jouait au football sur le pré communal avec son équipe.

Quand elles furent dehors, Mili-Mali-Malou dit : « Papa et Maman, et Tonton et Tantine, et Mme Mauger, et le facteur et Mme Facteur, et le forgeron... Nous les inviterons pour cinq heures et demie. Mais il faut gagner encore de l'argent, Suzanne ! »

Juste à ce moment, elles virent Boby Blin qui s'avançait vers elles, poussant son tombereau avec un paquet dedans. Et Boby Blin sourit et dit : « Je viens d'aller chercher le blanchissage de Mme Brisson — c'est pour la société ! » Mili-Mali-Malou et la petite-amie-Suzanne battirent des mains.

Le samedi matin arriva. Toutes les invitations avaient été distribuées ; la société Émilienne-Madeleine-Marie-Louise, Suzanne et Cie était très occupée à tout mettre en ordre dans la grange et à cacher ce qu'on ne pouvait pas enlever sous une quantité de branches vertes que Bon-Papa avait coupées en taillant la haie.

Quand cinq heures et demie sonnèrent, Mili-Mali-Malou et la petite-amie-Suzanne, avec les mains bien propres et portant des bonnets et des tabliers de papier, se placèrent à la porte de la grange pour recevoir les invités. Elles donnaient aux messieurs un souci pour mettre à leur boutonnière, et aux dames une pensée.

Tout le monde fut à l'heure, sauf le forgeron, qui arriva un peu en retard. Il avait l'air si rose et si propre dans son costume habillé, que Mili-Mali-Malou eut du mal à le reconnaître. Boby Blin arriva en retard aussi, mais il traînait dans son tombereau un gramophone et deux disques qu'il avait empruntés à un « grand » de l'école. (Il ne le

raconta pas, mais il avait donné en échange au « grand » tout le reste de sa collection de sous : dix-neuf pièces de deux sous, ce qui faisait presque deux francs.)

Boby Blin, qui n'avait pas envie de danser, s'occupa du gramophone, pendant que Papa et Maman, et Bon-Papa et Bonne-Maman, et Tonton et Tantine, et Mme Mauger, et le facteur et Mme Facteur, et le forgeron, et Mili-Mali-Malou et la petite-amie-Suzanne dansaient ensemble dans la vieille grange où la poussière volait jusqu'au toit. Et Mili-Mali-

Malou dansa beaucoup avec le forgeron, comme avec tous les autres, et la petite-amie-Suzanne aussi !

Tout le monde s'amusait joliment !

Ensuite, il y eut les rafraîchissements : des bonbons à la framboise et des boules à l'anis dans des soucoupes garnies de petites fleurs ; des mûres tardives dans des coupes de feuilles ; et de la limonade que Boby Blin préparait, pendant que Mili-Mali-Malou et la petite-amie-Suzanne surveillaient pour dire aux gens le moment où il fallait boire, quand cela moussait vraiment bien. (C'était joliment amusant !) Il y avait aussi une espèce de gelée que Mili-Mali-Malou et la petite-amie-Suzanne avaient faite elles-mêmes avec un paquet qu'on achetait chez l'épicier ; seulement il fallait la manger plutôt comme de la soupe, parce qu'elle ne voulait pas se tenir comme il aurait fallu.

Mais Papa et Maman, et Bon-Papa et Bonne-Maman, et Tonton et Tantine, et Mme Mauger, et le facteur et Mme Facteur, et le forgeron dirent tous qu'ils n'avaient jamais mangé une aussi bonne gelée. Et le forgeron, avec sa grosse voix, proposa de voter des remerciements à la société pour cette bonne journée et pour les rafraîchissements, et tout le monde cria : « Oui, oui ! » et battit des mains. Et Mili-Mali-Malou et la petite-amie-Suzanne battirent des mains aussi, ce qui n'était pas tout à fait correct, mais elles étaient si contentes qu'elles ne pouvaient pas s'en empêcher.

Puis tous les invités rentrèrent chez eux.

Et quand la société vint pour tout ranger, elle s'aperçut que de tous les rafraîchissements il ne restait qu'une boule à l'anis. Mais sur le banc, au milieu des verres et des soucoupes vides, il y avait un petit panier de poires et un sac de bonbons mélangés, avec un papier expliquant : « Pour le garçon et les serveuses ! »

Table

Composition réalisée par COMPOFAC - PARIS

Achevé d'imprimer par Ouest Impressions Oberthur
35000 Rennes - N° 10952 - Septembre 1990

Loi n° 49-956 du 16 juillet 1949 sur les publications destinées à la jeunesse
Dépôt : septembre 1990